古地名裡的台灣史

南部、東部、外島篇

宋彥陞——著
紹華——繪

目錄

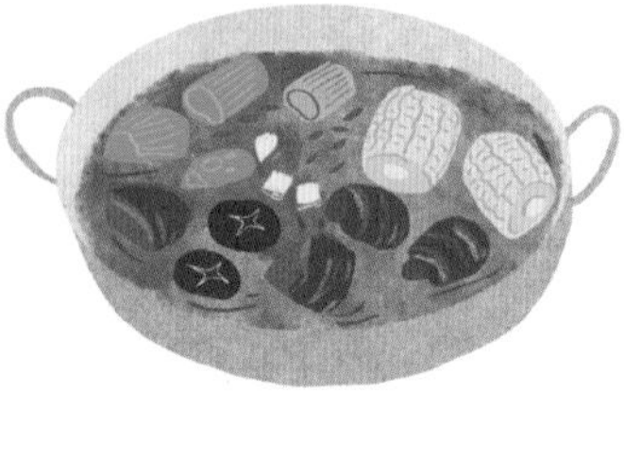

第八部

宜蘭縣・花蓮縣・台東縣

第九部 連江縣・金門縣・澎湖縣

作者序

透過地名，一同踏上認識台灣的歷史之旅！

對於在高雄出生、屏東長大、台北求學和就業的我來說，每次被問到「你是哪裡人？」這個問題，頓時不知道該回答出生地、戶籍所在地還是現居地。所以，我總是對提問者「全盤托出」，由對方自行決定這題的「正確答案」。

姑且不論自己是高雄人、屏東人抑或半個台北人，我作為一九八八年出生的土生土長台灣人，從小到大接受的歷史和地理教育仍以中國史地為主；即便後來就讀歷史系，我依舊選擇中國歷史為研究主題，直到服兵役期間才在同袍影響下，對台灣史地產生興趣，進而投入研究。

時至今日，我們面對外國人詢問「你是哪裡人？」這個問題，已經可以自信說出我們所在這塊土地的名字。不過，你是否認真想過我們對於台灣發生過的事件、存在過的人物，乃至現代社會為何會變成這副樣貌，經常是知其然而不知其所以然。

秉持對於歷史這門學問的熱愛，我有機會進入國立台灣大學研習歷史知識，因緣際會投入歷史普及事業，繼而有幸獲得時報出版邀請，將自身所學化為各位正在閱讀的「時空偵探」系列這套作品。

如同之前出版的《世界古文明之旅》，這次新推出的《古地名裡的台灣史》，同樣是以我在《國語日報週刊》連載的內容為基礎，重新改寫及擴充而成。

除了向讀者介紹台灣許多鄉鎮的地名沿革、著名景觀、特色產業等面向，本書還透過「當地人與事」短文，帶著大家認識與當地因緣匪淺的重要人物。期待大家把本書當作邀請卡，跟著我一同踏上認識台灣的歷史之旅！

第七部

高雄市

屏東縣

第39站 高雄

海浪洶湧的港都

你去過高雄嗎？是否知道高雄市擁有全台灣最重要的國際商港呢？

距今四百多年前，來自中國的漢人為了捕捉飛魚，陸續在高雄沿海停留定居。到了二十世紀初，日本政府不但將高雄打造成現代化的先進港口，還引進重大工業

建設，促使當地蛻變為南台灣的政治兼經濟中心。

你知道高雄在台灣歷史上，扮演著什麼樣的重要角色嗎？

打鼓變成高雄

說到高雄一名的由來，以往的主流說法認為原住民的馬卡道族將當地稱為「Takao」，也就是「竹林」的意思，而漢人則將地名改成台語發音相近的「打狗」。

不過，近年有學者主張漢人起初把高雄叫作「打鼓」，形容浪濤聲宛如擊鼓般壯闊，後來才以讀音相似的「打狗」作為正式地名。

二十世紀初，日本官員認為打狗這個名字不夠文雅，再改成日文讀音接近的「高雄」，從此沿用到今天。

台灣第一大港

大約一百六十年以前，清朝政府因為和英國、法國作戰失利，被迫允許外國商人前來高雄做生意。

進入日本統治時期，由於台灣南部的米、糖、木材等物產都從高雄出口，使得日本政府持續擴建高雄的港口設備。

第二次世界大戰結束後，高雄港裝卸貨物的總數量逐漸超越基隆港，進而成為台灣第一大港。

中央管轄的都市

一九七九年，高雄市成為繼台北市之後，第二座由中央政府直接管轄的都市。現在，台灣的台北、新北、桃園、台中、台南、高雄六座城市，都屬於這類「直轄市」。

當地人與事

雄霸南台灣的富商陳中和

日本統治時期，台灣有五個家族因為富可敵國，因此並稱為「五大家族」。其中，「五大家族」唯一位於南台灣的「高雄陳家」，是由富商陳中和（一八五三至一九三〇年）奠定家族雄霸一方的巨大影響力。

十九世紀末，原本在商行擔任學徒的

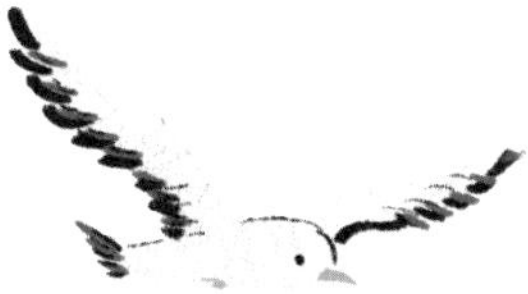

陳中和，決定創設自己的公司，並且透過砂糖貿易迅速累積財富。

隨著日本政府接手統治台灣，陳中和不但協助日本官員維持地方治安，還積極投入製糖、碾米、製鹽、土地經營等多種產業，成為富甲一方的資本家，從而打下家族成員日後活躍於台灣商業界與政治界的重要基礎。

第40站 鹽埕

平坦的晒鹽場

你知道高雄市有個行政區叫作「鹽埕」嗎？是否知道這個地方，曾經是高雄最繁華的政治兼經濟中心呢？

十七世紀左右，鹽埕地區因為臨近大海，加上不下雨的時間較長，因而吸引漢人前來開闢鹽田。之

後，這裡一度成為市政府的所在地，卻因為商業活動逐漸外移，近年蛻變為文化觀光的知名景點。

鹽埕有沒有吸引你的地方？原因是什麼呢？

海邊鹽場

很久以前，在高雄外海捕捉烏魚的漢人，意外發現鹽埕的位置和氣候相當適合晒鹽。

清朝統治時期，官府開始招募人民，到鹽埕引海水製鹽。這時，漢人看到當地有著廣大的雪白鹽田，便把這裡取名為「鹽埕埔」，意思是平坦的晒鹽場。

到了一九四〇年代，台灣規劃行政區域時，將鹽埕埔簡稱為「鹽埕」，以此作為本地的正式名稱。

填海造地

二十世紀初期，日本政府陸續進行高雄港的擴建工程（參見第39站〈高雄：海浪洶湧的港都〉），並且使用港口挖出來的泥沙填平鹽埕的鹽田，以此擴大港口的腹地空間。

由於鄰近高雄港，鹽埕不但興建許多倉庫儲存貨物，更成為拆船業的重要據點。與此同時，日本人還

將市政府搬到鹽埕，促使當地變成高雄的商業中心。

然而，鹽埕後來卻因為工商業大量遷出，導致人口外移而慢慢沒落。

舊城新生

為了替鹽埕找回生機，高雄市政府在二十年以前，陸續在這邊整建碼頭、藝術特區、歷史博物館等景點，得以讓鹽埕順利轉型為民眾喜愛的旅遊勝地。

當地人與事

高雄文史研究先驅林曙光

近年來，隨著鄉土教育越來越受到國人重視，台灣各地的文史研究宛如雨後春筍一般蓬勃發展。說到高雄文史研究的先驅人物，就不能不提生於鹽埕的林曙光（一九二六至二〇〇〇年，本名林身長）這位作家。

林曙光雖然出生於日本統治時期，卻

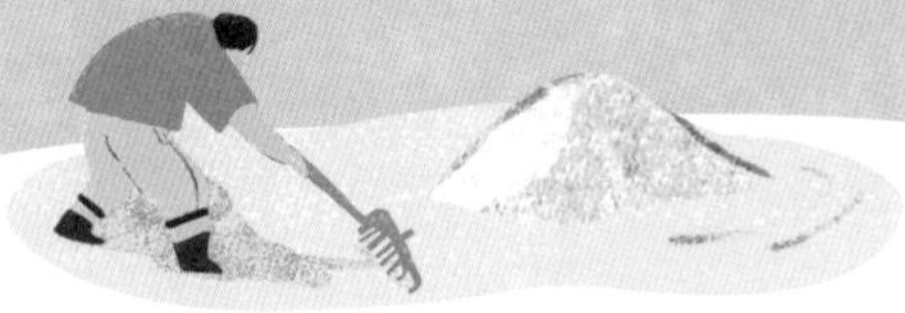

一面接受日本教育，一面學習中文，進而對台灣的民俗文化產生濃厚的興趣。

二十世紀中期，在出版社工作的林曙光，不但積極出版台灣文學作品，更率先鑽研高雄的歷史、地理、人文等主題，並將研究成果集結出版，堪稱高雄最早的文史工作者之一，同時對於台灣文學的翻譯與推廣具有相當重要的貢獻。

第41站 美濃

水源豐沛的客家城鎮

你吃過粄條嗎？是否知道這道客家美食使用稻米製作而成呢？

大約三百年以前，來自屏東北部的客家人陸續橫渡荖濃溪，來到高雄南部的美濃開墾定居。

現在，美濃非但超過九成的住民屬於客家人，更

保有純正的客家文化，是高雄最具代表性的客家聚落。

美濃有沒有吸引你的地方？原因是什麼？

地名之謎

十八世紀中期，住在今天屏東里港一帶的客家人，因為經常跟鄰近的閩南人聚落發生衝突，決定渡河移居東北方的近山地區。

據說，這些客家人看到遷居的土地有座彌濃山，加上溪流水量充足，因此將這裡命名為「瀰濃」，意思是水源豐沛之地。

到了日本統治時期，日本官員覺得「瀰」這個字的筆畫過於複雜，加上「瀰濃」的客語發音與日本地名「美濃」接近，便將當地改名為美濃，從此沿用到今天。

伯公信仰

擅長農業的客家人，相當重視稱為「伯公」的土地公信仰。

由於美濃擁有寬闊的平坦土地，加以水源充裕，非常適合發展農業，因此境內時常可以看到祭拜伯公的小廟。

距今五十年以前，美濃曾以盛產稻米和菸草聞名全台灣。後來，台灣的菸草產業不敵外國競爭，促使不少美濃的農民轉而種植外型細長、味道鮮美的白玉蘿蔔。

☼地方特產

以蒸籠蒸熟的美味粄條，以及使用竹子、油紙製成的油紙傘，都是許多遊客造訪美濃時，絕對不會錯過的在地名產。

當地人與事

筆耕不輟的作家鍾理和

位於高雄市美濃區，有一間由作家們發起興建的文學紀念館，向世人介紹與當地因緣匪淺的客家籍作家鍾理和（一九一五至一九六〇年）的生平事蹟。

在年少時期，鍾理和因為與鍾台妹（一九一一至二〇〇八年）的戀情遭到家長反對，促使他帶著鍾台妹離開故鄉，並在工作謀生之餘，積極投入小說和散文的創作。

不同於當時許多台灣作家習慣以日文寫作，鍾理和不但擅長使用中文，更經常在作品中加入客家話方言，使得他的小說角色格外樸實生動。

雖然鍾理和年僅四十餘歲就因病逝世，他仍留下數十部小說作品，在台灣文學史上占有重要的一席之地。

第42站 左營

軍隊駐紮的營區

你搭過台灣的高速鐵路嗎？是否知道台灣最南端的高鐵站，位於高雄市的左營區喔！

自古以來，左營地區因為水運便利，加上許多漢人在此開墾定居，一度成為南

台灣的行政中心。從二十世紀開始，政府陸續在左營興建各種交通建設，促使該地迅速變成高雄市的轉運樞紐。

你知道左營在台灣歷史上，扮演著什麼樣的重要角色嗎？

軍隊紮營開墾

距今三百多年前，明朝將軍鄭成功指揮大軍，順利驅逐占據台灣的荷蘭人。

為了防禦敵人的攻擊，同時改善糧食短缺的問題，鄭成功家族決定派遣軍隊，到台灣各處開拓荒地。

根據主流說法，左營一名的由來，源自一支叫作「左衝鎮」的部隊，曾經在該地紮營開墾的緣故。

縣城前世今生

十七世紀末，清朝政府為了統治台灣南部，便在當地設置行政區「鳳山縣」。

當時，官員看到左營一帶，不但有港口可以停泊船隻，還有山丘作為屏障，就以泥土為材料，在這裡興建鳳山縣的縣城。

不過，這座城池後來因為敵軍攻擊，

數次遭到嚴重的破壞。最後，清朝把縣城遷移到今天的鳳山區（參見第43站〈鳳山：清朝縣城所在地〉），也讓左營市街逐漸蕭條沒落。

※高雄交通樞紐

進入日本統治時期，日本政府開始在左營一帶建設鐵路、公路、軍港等設施；到了十幾年前，我國又在這裡設置高鐵站和捷運站，使左營蛻變為高雄最重要的交通樞紐。

熱愛台灣的英語教育家柯旗化

眾所皆知，英語是全世界相當重要的國際語言，而台灣的英語教育相當強調掌握單字、文法、閱讀等技能。

談到台灣最具代表性的英語教育家，以《新英文法》一書嘉惠無數學子的柯旗化（一九二九至二〇〇二年）絕對榜上有名。

二十世紀中期，擔任英語教師的柯旗化，曾經兩度遭到政府不當逮捕。第一次出獄後，柯旗化決定創辦出版社，同時出售自己編著的英語學習教材，迅速成為廣大學生學習英語的必備讀物。

除了對於英語教育貢獻良多，柯旗化還出版許多台灣文化主題書籍，並且積極參與民主運動，嘗試喚起國人對於台灣這塊土地的無限熱愛。

第43站 鳳山

清朝縣城所在地

你知道高雄市人口最多的行政區是哪裡嗎？答案是位於市區西南部的鳳山區喔！

十九世紀中期，台灣南部的鳳山縣縣城，從今天的左營區搬到繁榮熱鬧的鳳山市街。到了一百年前左右，鳳山的行政與經濟地位因為日本

政府推動都市計畫，才被擁有現代化港口的高雄市區所取代（參見第39站〈高雄：海浪洶湧的港都〉）。

你知道鳳山在台灣歷史上，扮演著什麼樣的重要角色嗎？

※沿用縣城舊名

現在的鳳山區，在清朝統治時期原本叫作「埤頭」。

當時，清朝政府為了治理南台灣，非但在此設置鳳山縣，並且在左營地區興建縣城和官署（參見第42站〈左營：軍隊駐紮的營區〉）。

但是，鳳山縣後來因為爆發戰亂，造成縣城嚴重毀損，促使官員把縣城遷到交通便利、商業發達的埤頭一帶。

久而久之，成為新縣城所在地的埤頭，改用鳳山當作正式地名，從此沿用到現在。

書院提升文風

縣城轉移到埤頭以後，清朝官員為了提升該地的讀書風氣，決定邀請仕紳捐款，興建可供學生上課、考試、祭祀等用途的教學設施，並將這棟建築命名為「鳳儀書院」。

進入日本統治時期，書院的教育功能逐漸被學校取代，使得鳳儀書院一度變成醫院及宿舍，

進而因為缺乏管理而被外人占用。

直到一九八〇年代，台灣將鳳儀書院指定為古蹟，並在整理修復後開放民眾參觀，如今蛻變為鳳山區的知名景點。

曹公典範長存

十九世紀中期，擔任鳳山縣知縣的曹謹，著手興建大型水圳，大幅改善縣城一帶的灌溉問題。

之後，人們不僅將這座水圳命名為「曹公圳」，還修建「曹公廟」予以祭祀，由此看出民眾對於曹謹的誠摯感謝。

台灣農民運動領袖簡吉

自古以來，農業雖然是台灣相當重要的生產事業，農民的收入卻深受氣候與國家政策的影響，促使一些有志之士奮然發起農民運動，試圖維護廣大農民的權益。

其中，出生於高雄鳳山的簡吉（一九〇三至一九五一年），堪稱台灣農民運動最著名的領袖之一。

二十世紀初，擔任學校教師的簡吉，看到學生必須幫忙家中農務而無法專心讀書，加上有感於台灣農民經常受到官員和資本家的欺壓，毅然決定辭去教職，轉身投入農民運動。

之後，簡吉與同伴成立農運組織「台灣農民組合」，前往台灣各地協助農民向政府和地主爭取合理的待遇，對於日治時期的台灣農民運動具有非常深遠的影響。

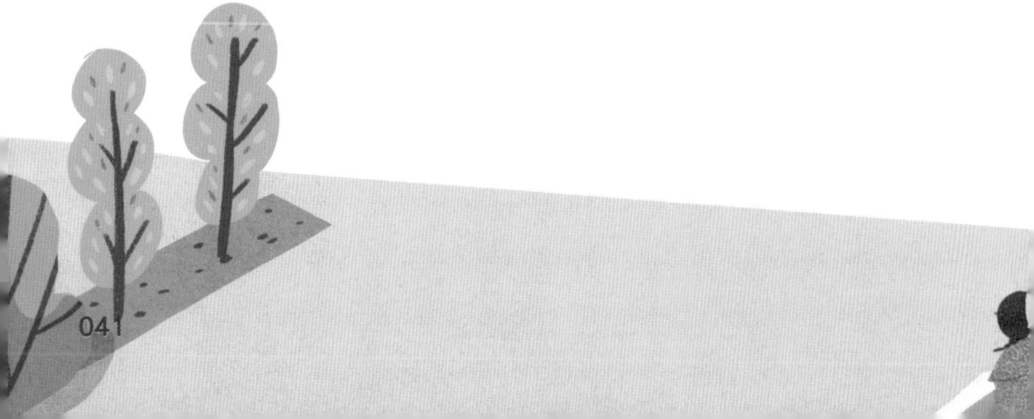

第44站 岡山
擁有日本名字的山丘

你吃過羊肉嗎？是否知道以豆瓣醬調味的羊肉料理，其實是高雄市岡山區的著名美食喔！

自古以來，岡山地區因為環境適合飼養山羊，加上二十世紀中期，移居當地的大批中

國軍民，將食用羊肉的風氣帶到這塊土地，促使羊肉變成跟蜂蜜、豆瓣醬並稱的岡山三大名產。

你到過岡山玩嗎？那裡有沒有吸引你的地方呢？

岸邊遍布芒草

根據文獻記載，岡山在漢人開墾初期，原本叫作「竿蓁林」和「阿公店」。

學者認為，竿蓁可能是芒草一類的植物。由於岡山早年經常發生水災，等到大水消退後，岸邊往往生長許多芒草，有些漢人就把這塊土地取名為竿蓁林。

另一方面，在當地活動的原住民，將芒草遍布的景象稱為「Agongtoan」，部分漢人便以台語讀音相近的「阿公店」作為地名。

到了一九二〇年，統治台灣的日本官員，看到這裡有大、小崗山兩座山丘，而崗山與日本常見地名「岡山」字形相近，決定改用岡山當作正式名稱，從此沿用到今天。

羊肉飲食文化

清朝統治時期，岡山一帶因為氣候與地理

適宜放牧山羊，慢慢變成羊群的集散地。

不過，羊肉具有一種獨特的羶味，使得當時的漢人移民較少食用這種肉類，而是主要將它作為祭祀的供品。

直到七十多年前，大量軍民從中國遷徙到台灣，同時帶來吃羊肉的飲食文化，使得羊肉爐等料理蛻變成國人冬令進補的熱門食物。

螺絲螺帽重鎮

二十世紀中期，生產螺絲及螺帽的業者，陸續在岡山地區設立工廠，形成相關產業聚集的工業重鎮，也讓岡山獲得「螺絲窟」的稱號。

台灣第一位鋼琴女教授高慈美

被譽為「樂器之王」的鋼琴，堪稱許多學子最熟悉的樂器之一。說到台灣最重要的鋼琴家，就不能不提本地第一位鋼琴女教授高慈美（一九一四至二〇〇四年）其人。

由於出身岡山的醫生家庭，加上父親有意栽培，高慈美在一九三〇年代進入日

本的音樂學校主修鋼琴，並且透過參加音樂活動逐漸為人所知。

之後，返回台灣的高慈美一面持續精進琴藝，一面從事鋼琴教學工作。

到了二十世紀中期，高慈美的鋼琴才華越發獲得肯定，不但開始擔任音樂比賽的評審，還被多間學校聘為音樂老師，為台灣音樂界培養許多優秀的人才。

第45站 旗山
以山丘命名的香蕉王國

你常吃香蕉嗎？是否知道高雄市的旗山區，其實是南台灣最重要的香蕉產地之一喔！

清朝統治時期，旗山因為坐落台南往來屏東的交通要道，同時是山區

物產的集散地，逐漸形成熱鬧的聚落。二十世紀初，旗山農民開始大量種植賺錢的香蕉，促使當地變成全台知名的「香蕉王國」。

旗山有沒有吸引你的地方？原因是什麼呢？

草寮賣蕃薯粥

距今一百多年前，今天的旗山地區，本來稱為「蕃薯寮」。

關於蕃薯寮一名的由來，主流說法認為漢人抵達旗山開拓時，有位老婦人在當地搭建草寮販賣蕃薯粥，久而久之，人們就把這裡叫作「蕃薯寮」。

到了一九二〇年，統治台灣的日本官員，不喜歡蕃薯寮這個名字，就以該地的「旗尾山」為靈感，將地名改成「旗山」，從此沿用到今天。

香蕉重要產地

日本統治時期，台灣生產的香蕉被運到日本銷售，進而受到許多日本客人的喜愛。

這時，旗山農民看到販賣香蕉可以賺取不錯的收入，加上當地的氣候與土質適合香蕉生長，促使許多農家紛紛投入種植。

第二次世界大戰結束後，香蕉一度成為台灣出口日本的重要農產品，也讓盛產香蕉的旗山，被人們賦予「香蕉王國」美名。

石頭拱形騎樓

二十世紀初，日本官員在旗山實施都市計畫，使用岩石興建許多拱形的騎樓，如今變成旗山老街極具特色的歷史建築。

當地人與事

功學社創辦人謝敬忠

　　對於喜歡音樂的讀者來說，從販售鋼琴、長笛、爵士鼓等樂器，乃至設立教室推廣音樂教育的功學社，堪稱國際知名的台灣樂器品牌，而在旗山長大的創辦人謝敬忠（一九一〇至二〇一五年），無疑是該公司不斷精益求精的關鍵推手。

　　二十世紀初，謝敬忠原本在高雄的學

校擔任老師，後來與兄弟創立公司，專門銷售書籍、文具、運動器材等商品。

第二次世界大戰結束後，謝敬忠等人將公司改名為「功學社」，不僅向日本進口樂器、體育器材、科學儀器，之後更開始生產鋼琴、機車、自行車等產品，促使功學社蛻變為舉世聞名的重要企業。

第46站 屏東
把山脈當屏障的城市

你喜歡吃甜食嗎？是否知道位於台灣南部的屏東市，曾經是重要的砂糖產地呢？

數百年以前，現在的屏東市區曾經是原住民馬卡道族聚落「阿猴社」的所在地。由於氣候溫暖，加上水源充足，屏東自古以來就是甘蔗的重要產地。到了

二十世紀初，日本官員陸續在屏東興建糖廠、鐵路、機場等重大建設，深刻影響屏東市的整體發展。

你知道屏東在台灣歷史上，扮演著什麼樣的重要角色嗎？

阿猴變成屏東

十七世紀末，漢人移民來到今天的屏東市區開墾定居，並以原住民聚落「阿猴社」為名，將這塊土地稱為「阿猴」。

進入日本統治時期，日本官員覺得「阿猴」一詞不夠文雅，先是把地名改成字形相近的「阿緱」，之後又將「阿緱」改成「屏東」，從此沿用到今天。

關於「屏東」一名的由來，以往認為是該地位在半屏山東方的緣故；不過，近年有研究指出這個名字，可能是指本地以東方的大武山作為屏障的意思。

製糖產業興盛

一百多年以前，長期向外國進口砂糖的日本政府，決定在屏東建造台灣最大的製糖工廠，並且將鐵路從高雄延伸至這裡，以便運輸甘蔗、砂糖等物資。

沒過多久，製糖工廠和鐵道建設促使屏東蛻變為人群及物產的集散地，進而發展成熱鬧繁華的現代城市。

日式宿舍轉型

一九二〇年代開始，日本官員為了安置進駐屏東的航空部隊，先後在市區興建許多宿舍建築。

第二次世界大戰結束後，這些日式宿舍一度變成台灣官兵居住的眷村，現在則轉型為具備餐廳、書店、展覽空間的創意生活園區。

法律制度史學者戴炎輝

眾所皆知，名列我國中央政府「五院」之一的司法院，是全國最高司法機關。

在歷任司法院院長當中，生於屏東的戴炎輝（一九〇八至一九九二年）既是第一位台灣籍院長，同時對台灣的法律制度史研究具有非常重要的貢獻。

端賴家中長輩的堅持，戴炎輝從小一面接受日式教育，一面學習中國文史書籍，從而對歷史學產生興趣。

二十世紀中期，擁有律師執業經驗的戴炎輝，先後擔任我國公職與大學教授。之後，他不但積極開拓台灣的法律制度史研究，更投入《淡新檔案》等珍貴史料的整理工作，對於台灣的歷史與法律學界影響深遠。

第47站 牡丹

砍除藤蔓的耕地

你知道屏東縣有個行政區叫作「牡丹鄉」嗎？是否知道這個地名，其實跟牡丹花沒有任何關係呢？

十九世紀晚期，牡丹鄉的原住民和漂流到當地的琉球人發生流血衝突，導致日本政府出兵攻打台灣，進一步改變東亞的國際秩序。如今，以香菇、愛玉子等農產品聞名

的牡丹鄉，是台灣本島最南邊的山地鄉。

你知道牡丹鄉在台灣歷史上，扮演著什麼樣的重要角色嗎？

地名由來

自古以來，牡丹鄉主要是排灣族原住民的活動空間。

關於牡丹這個名字，來自排灣族的地名發音，意思是「砍除藤蔓後的耕地」。相傳排灣族部落「牡丹社」在創建之初，將長滿藤蔓的土地開墾成適合耕種的土地，因而以這則故事為當地命名。

清朝政府統治台灣之後，將排灣族語發音的社名，改成讀音相近的「牡丹」一詞，進而在二十世紀中期變成整個地區的正式地名。

牡丹社事件

距今一百五十年以前，一艘來自琉球王國的船隻因為遭遇颱風，漂流到屏東東南方的海岸。然而，該船數十位船員在上岸之後，卻與當地的排灣族原住民發生爭執，最後遭到殺害。

由於日本政府將琉球視為附屬國，加上清朝

政府無法有效統治屏東南部，促使日本出兵攻打排灣族的高士佛社和牡丹社，史稱「牡丹社事件」。

事後，清朝政府注意到台灣的重要性，開始積極結交原住民部落。另一方面，日本則在數年之後，正式兼併了琉球王國。

興建水庫

一九八〇年代，台灣在牡丹鄉的四重溪上游興建牡丹水庫，以此供應屏東南部六個鄉鎮以及墾丁國家公園、第三核能發電廠等機構的用水需求。

當地人與事

與美國外交官談判的卓杞篤

十九世紀中期，屏東沿海地區陸續發生外國船隻遭遇船難、船員登陸台灣後被原住民殺害的不幸意外。

一八六七年，美國為了處理美國商船船員在屏東南部遇害的事件，不僅出兵攻打當地的原住民部落，還派遣外交官李仙得（一八三〇至一八九九年）與原住民部落領袖卓杞篤（生卒年不詳）進行協商。

當時，卓杞篤身為十幾個部落擁戴的頭目，一方面必須團結並整合各個部落的意見；另一方面，他還必須在不與美國決裂的前提下，盡力維持自身與部落的權益。

經過幾次交涉談判，卓杞篤最後與李仙得簽訂協議，雙方約定該地的原住民部落以後不會傷害遇難的外國船員。話雖如此，牡丹地區日後仍然發生原住民殺害琉球船員的意外，進而爆發震撼東亞的「牡丹社事件」。

第48站 東港

高屏溪東岸的港口

你喜歡吃海鮮嗎？是否知道屏東縣的東港鎮，其實是許多海鮮的著名產地呢？

數百年以前，地處高屏溪河口的東港地區，曾經是容易讓人生病、經常發生水災的危險地方。由於具備交通便利、漁產豐富等優勢，東港一度變成商人雲

集的熱鬧商港，現在則是以海產和觀光著稱的漁港聚落。

你去過東港嗎？那裡有什麼吸引你的地方呢？

溪流東岸

距今三百多年之前，今天的東港周邊，本來是原住民馬卡道族的活動空間。

由於東港外海擁有大量魚群，加上這裡可以沿著高屏溪進入屏東平原開墾，因此吸引越來越多漢人移民到此定居。

當時，漢人看到當地位於高屏溪的東岸，便將其取名為「東港」，從此沿用到今天。

東港三寶

在清朝統治時期，東港是屏東平原買賣貨物的集散地，得以迅速發展為繁榮的港口聚落。

二十世紀初，東港面臨日益嚴重的淤積問題，導致貿易功能最終被高雄港取代（參見第39站〈高雄：海浪洶湧的港都〉）。另一方面，政府則為東港引進先進的捕魚技術和設備，讓其蛻變為南台灣最重要的漁港之

一。

今天，東港以盛產黑鮪魚、油魚子、櫻花蝦等海鮮聞名全台，也讓上述海鮮獲得「東港三寶」美名。

王爺信仰

自古以來，東港漁民相信「王爺」這種神祇，可以保佑討海人的安全。每過三年，信奉王爺的民眾便會舉行祭典，並且藉由焚燒王爺搭乘的「王船」，祈求神明帶走人間的一切疾苦。

當地人與事

呼籲實施民主政治的郭國基

一九九六年以後，我國無論是總統、縣市長乃至各級民意代表，都由擁有投票權的國民投票選出。

事實上，國民可以投票決定公僕人選，其實是經過許多有志之士奮力爭取才獲得的公民權利。其中，出生於東港的郭國基（一九〇〇至一九七〇年），堪稱戒

嚴時期為民喉舌的代表性人物。

二十世紀初，郭國基在留學日本期間對政治產生興趣，進而參與社會運動，抗議日本政府的高壓統治。

隨著我國接手統治台灣，敢作敢為的郭國基不僅多次當選民意代表，更大力呼籲政府落實地方自治與政黨政治，對於我國邁向民主化，具有相當重要的號召力和影響力。

第49站 恆春

四季如春的城鎮

你知道台灣最南端的鄉鎮是哪裡嗎？答案是屏東縣的恆春鎮喔！

現在的恆春地區，以前曾經是原住民排灣族的活動範圍。由於當地距離城市較遠，漢人移民直到十九世紀末，才大規模進入恆春一帶開墾定居。

你知道恆春在台灣歷史上，扮演著什麼樣的重要角色嗎？

四季如春

三百多年以前，統治台灣西部的荷蘭人，發現恆春半島生長了許多蘭花，而原住民將這種花卉稱為「Lonkiauw」，便以「Lonkiauw」命名這塊土地。

之後，漢人再以跟「Lonkiauw」的台語發音相近的「瑯嶠」當作地名。

一八七〇年代，清朝官員注意到瑯嶠是南台灣的

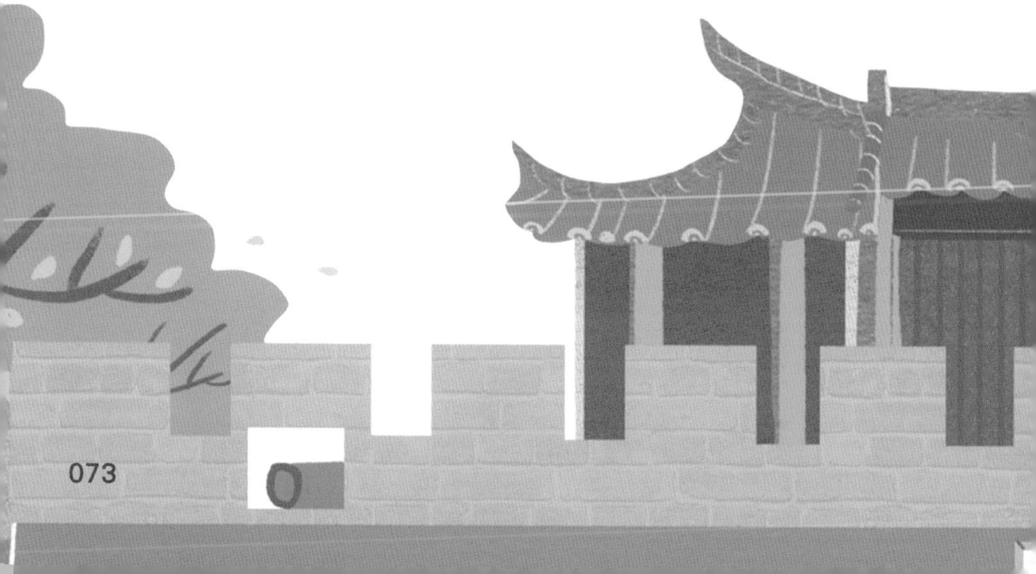

國防前線，不但在此建造城池與官署，還基於該地氣候四季如春，將瑯嶠改名為「恆春」，從此沿用到今天。

恆春縣城

清朝統治晚期，恆春半島屢次發生外國人遭到原住民殺害的意外，甚至引起日本政府出兵攻打該地的原住民部落（參見第47站〈牡丹：砍除藤蔓的耕地〉）。

為了確實統治恆春一帶，清朝官員設立新的行政區「恆春縣」，並且興建堅固的縣城，作為結交原住

民、防衛台灣南部的軍事重鎮。

從空中往下看，恆春縣城的城牆形狀近似圓形，是台灣目前唯一保存所有城門的清代古城。

落山風

每到冬季，東北季風會沿著中央山脈的山谷一路南下。由於恆春的山脈高度較低，導致冷空氣從這個缺口吹向恆春半島西部。這股寒冷的強風，當地稱之為「落山風」。

當地人與事

恆春民謠保存者朱丁順

自古以來，恆春地區因為有原住民、閩南人、客家人等多種族群在此定居，加上彼此的歌謠互相交流影響，不僅形成別具特色的恆春民謠，還孕育出朱丁順（一九二八至二〇一二年）等演唱家保存這項珍貴的傳統藝術。

談到朱丁順與恆春民謠結緣的契機，

來自他年輕時從事許多工作，得以接觸來自四面八方的人們傳唱的歌謠。

當時，朱丁順將這些民謠記錄下來，並以自身的獨特嗓音結合人生經驗詮釋這些歌曲，使得他演唱的曲子格外感動人心。

值得一提的是，朱丁順晚年經常到各地表演恆春民謠，努力透過教唱的方式，保存這項傳統藝術，對於恆春民謠的保存與推廣貢獻極大。

第八部

宜蘭縣

花蓮縣

台東縣

第50站 龜山島
形似烏龜的島嶼

你去過台灣的離島嗎？是否知道宜蘭縣的外海，有座島嶼叫作龜山島呢？

十九世紀初，龜山島因為周邊海域棲息著豐富的魚類，吸引不少漢人漁民移居島上。隨著當地的經濟發展逐漸受限，島民在四十多年前陸續

搬回台灣，而龜山島如今則變成遊客乘船造訪的觀光勝地。

你知道台灣有一個名為龜山島的地方嗎？它跟「龜」有什麼關係呢？

龜尾會移動

距今兩百多年以前，在蘭陽平原活動的漢人移民，發現海上有座島嶼的形狀近似烏龜，就將它命名為「龜山」或「龜嶼」，也就是今天的龜山島。

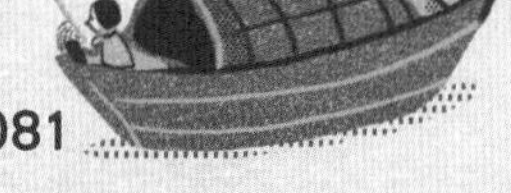

從外觀來看，龜山島可以分成頭部、身體、尾巴三個區域。值得注意的是，構成龜尾部分的礫石灘砂嘴，會受到風向和潮流的影響而南北移動，因此被稱為「神龜擺尾」。

打魚討生活

在清朝統治時期，龜山島因為能夠捕撈大量的漁獲，促使住在宜蘭的漢人漁民乘船前往定居。

然而，龜山島上的地形和氣候並不適合發展農業，只能種植番薯、花生等作物，導致島上居

民大多仍以捕魚為業。至於稻米和日用品，必須向對岸的台灣本島購買。

世外桃花源

由於龜山島缺乏工作、教育、醫療等資源，島民在一九七〇年代先後遷居台灣本島，也讓龜山島最後變成無人居住的世外桃源。

當地人與事

歌仔戲國寶廖瓊枝

眾所皆知，歌仔戲是台灣最具代表性的表演藝術之一，戲中的角色大約可分為生、旦、淨、丑四大行當。

其中，扮演婦女角色的旦角，又可以細分為苦旦、花旦、刀馬旦等類型。

值得一提的是，被譽為「台灣第一苦旦」的廖瓊枝（一九三五年至今），雖然擁有淒苦的身

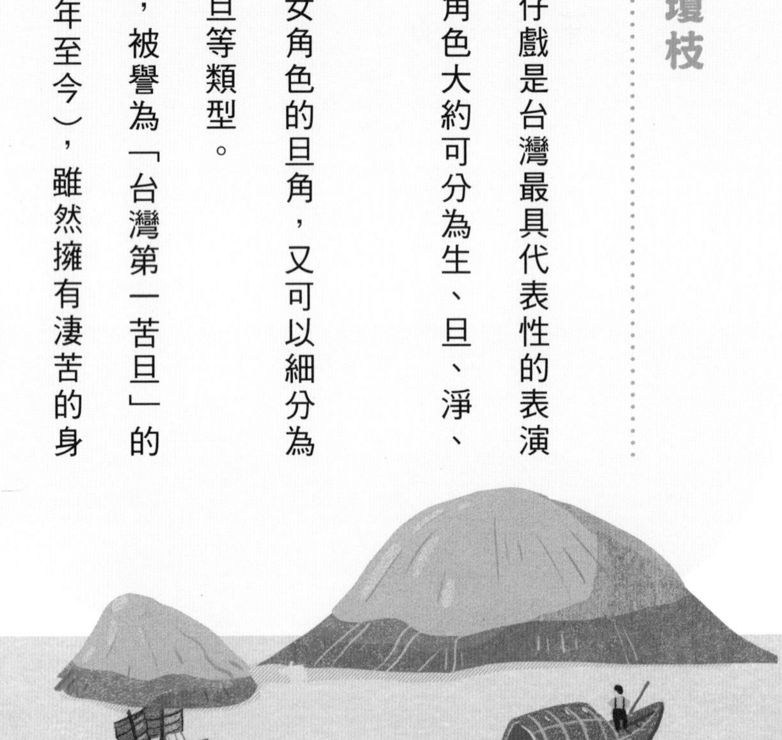

世，但她從來不向命運低頭，終於在歷經多年磨鍊後蛻變為歌仔戲大師。

對廖瓊枝來說，母親前往龜山島旅遊途中遭遇船難逝世，堪稱改變她一生命運的關鍵事件。為了謀求生計，廖瓊枝年僅十餘歲就進入戲班學習歌仔戲，持續咬牙精進唱戲技巧。

二十世紀末，廖瓊枝不但投入歌仔戲的傳承工作，她以苦旦角色演唱的哭調也獲得觀眾、專家乃至政府的一致肯定，可說是不可多得的人間國寶。

第51站 頭城

開拓宜蘭的基地

你去過宜蘭嗎?是否知道宜蘭最北端的頭城鎮,其實是蘭陽平原最早開發的地區之一呢?

十八世紀末,抵達宜蘭的漢人移民,陸續建立頭城、二圍、三圍等聚落。其中,別名「頭圍」的頭城,曾經是宜蘭最重要的港口都市,如今變成以頭城老街、草嶺古

道、水上活動聞名的觀光勝地。

你知道頭城在台灣歷史上，扮演著什麼樣的重要角色嗎？

開蘭第一城

距今兩百多年以前，住在今天新北市東南側的漢人移民，逐漸移居肥沃的蘭陽平原。由於頭城位於新北通往宜蘭的交通要道，移民便以這裡作為開墾宜蘭的根據地。

當時，漢人經常與原住民噶瑪蘭族發生衝突。因此，移民不但興建土石圍牆作為防禦設施，還把當地叫作「頭

圍」或是「頭城」，意思是漢人在宜蘭的第一個據點。

一九四六年，我國將這塊土地正式定名為「頭城」，從此沿用到今天。

建設烏石港

十九世紀初，清朝政府開放頭城的烏石港可以乘船往返中國，是台灣東部唯一的官方港口，堪稱進出宜蘭的重要門戶。

不過，烏石港先是面臨泥沙淤積，影響船隻停泊；進而在該世紀末因為船隻觸礁，導致港口堵塞，無法使用。

一九九一年，我國為了發展遠洋漁業，重新建造烏石港。這座現代港口，順利蛻變為遊客出海賞鯨、遊覽龜山島的觀光漁港。

※搶孤競賽

從清代開始，頭城住民經常在農曆七月舉辦「搶孤」活動。中元普渡結束後，參賽隊伍會搶奪放在高大孤棚上的豐盛供品，具有祭祀孤魂和祈求好運的宗教意義。

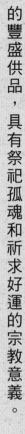

當地人與事

帶領漢人開闢宜蘭的吳沙

不同於台灣西部在十七世紀中期，已經有許多漢人進行大規模開墾；包含宜蘭在內的東部地區，則因為交通不便、原住民勢力較強等因素，直到十八世紀末才由吳沙（一七三一至一七九八年）等人帶領移民成功入墾宜蘭地區。

在率眾拓墾宜蘭之前，來自中國福建漳州的吳沙，原本在今天的新北市東南方開發山林資

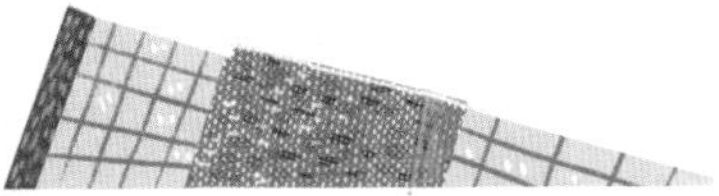

源。

當時，吳沙一面與原住民交易，一面安頓前來投靠的民眾，逐漸成為不容忽視的地方領袖。之後，吳沙開始違反清朝政府的禁令，率領漢人移民越界進入宜蘭拓墾。

為了防備原住民的攻擊，吳沙將移民組織成「結」與「圍」等單位，陸續開發現在的頭城（頭圍）、二圍、三圍等地，促使後人尊稱吳沙為「開蘭第一人」。

第52站 蘇澳
地名源自人名的港灣

你泡過冷泉嗎？是否知道宜蘭縣的蘇澳鎮，擁有全台灣最著名的冷泉景點呢？

自古以來，蘇澳不但是台灣東部最優良的天然港口，同時坐落宜蘭通往花蓮的必經之路，使得這塊土地先後成為蘇花公路和北迴鐵路的起點，堪稱人來人往的交通重鎮。

你想去蘇澳旅遊嗎？那裡最讓你感興趣的地方是什麼呢？

地名源自人名

談到「蘇澳」這個名字的由來，主流說法認為「蘇」字源自人物的姓名，「澳」字則是指船隻停泊的天然港灣。

關於「蘇」字來自哪位人物，相傳是紀念清朝統治時期，曾經帶領漢人移民開拓當地的蘇士尾這位領袖，就以他的姓氏加上描述港口地形的「澳」字，來命名這塊土地。

不過，近年有研究者指出清朝的史書找不到蘇士尾的相關記載，並且發現西班牙人在十七世紀中期，將蘇澳的港口取名

為「San Lorenzo」。

因此，當時的漢人可能把「San Lorenzo」改成讀音相近的「聖路連蘇」，之後再將地名簡化為「蘇澳」，從此沿用至今。

冷泉清澈甘美

蘇澳有豐富的地下水，同時地層中有能夠產生大量二氧化碳的石灰岩，得以形成水溫約攝氏二十二度、含有微量礦物質的冷泉資源。

根據研究，蘇澳冷泉非但水質清澈，還有豐富的二氧化碳，適合飲用及沐浴等用途。

過去，日本商人曾經利用蘇澳冷泉，生產清涼消暑的彈珠汽水，而蘇澳的特產「羊羹」，也以使用冷泉製作聞名全台。

重振木屐文化

日本統治時期，蘇澳的白米甕地區，生長許多適合製作木屐的樹木，進而成為生產木屐的重要聚落。

後來，塑膠等材料製作的鞋子逐漸取代木屐，致使蘇澳的木屐產業一度遭遇嚴重打擊。

直到二十世紀末，當地嘗試將木屐從生活用品轉型成工藝品，總算提振蕭條多年的木屐文化。

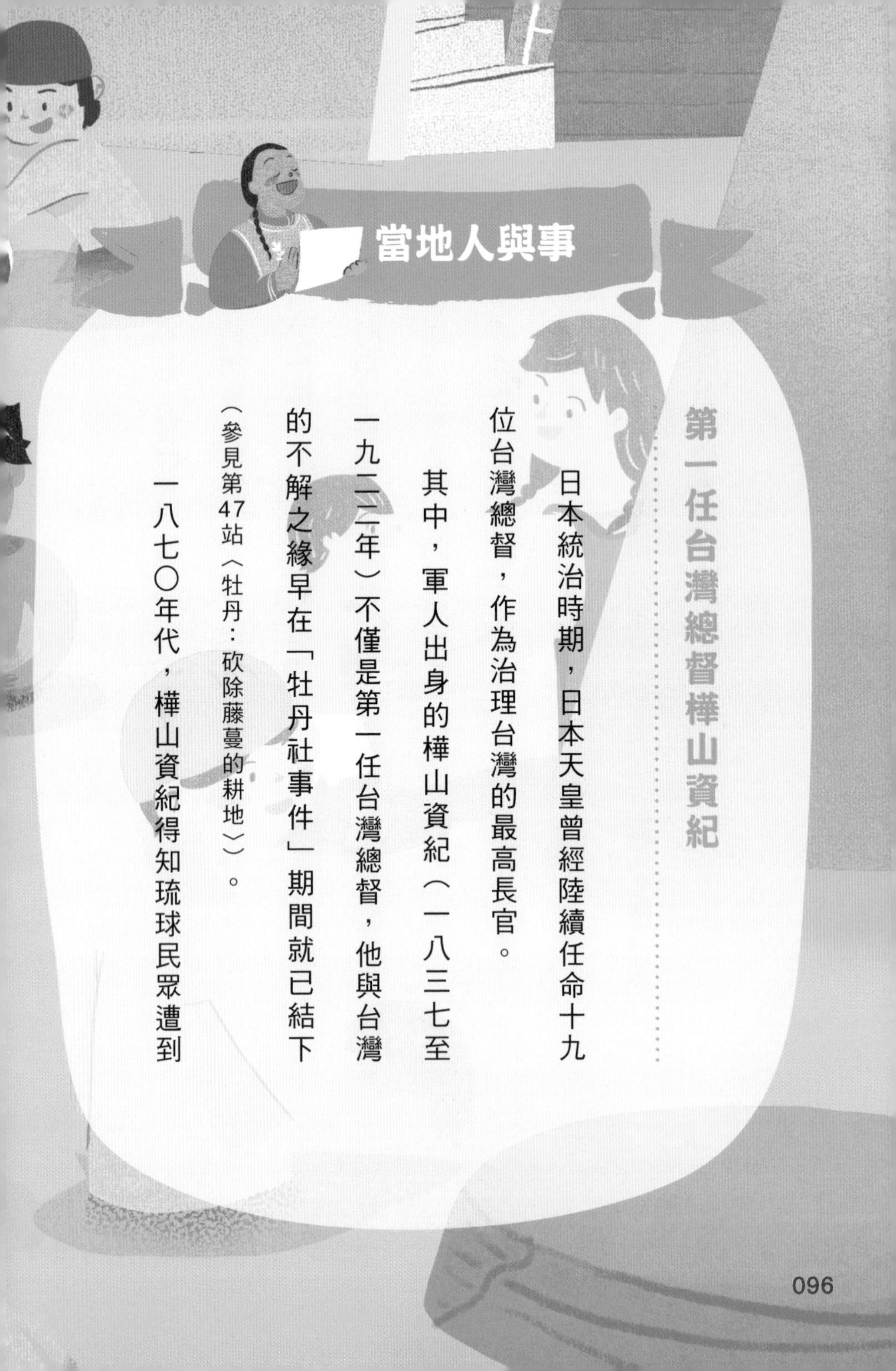

第一任台灣總督樺山資紀

日本統治時期，日本天皇曾經陸續任命十九位台灣總督，作為治理台灣的最高長官。

其中，軍人出身的樺山資紀（一八三七至一九二二年）不僅是第一任台灣總督，他與台灣的不解之緣早在「牡丹社事件」期間就已結下（參見第47站〈牡丹：砍除藤蔓的耕地〉）。

一八七〇年代，樺山資紀得知琉球民眾遭到

牡丹社原住民殺死，強烈建議日本政府出兵攻打台灣。

之後，樺山資紀奉命前往台灣搜集情報，非但詳細偵查了清朝控制力較弱的蘇澳地區，並且參與日軍攻擊牡丹社的軍事行動。

到了一八九五年，日本政府在甲午戰爭打敗清朝，取得台灣與澎湖作為新領土。此時，與台灣因緣匪淺的樺山資紀，從而成為意義非凡的首任台灣總督。

第53站 花蓮
河口水流盤旋

你去過花蓮市嗎？是否知道這個地名，其實跟植物沒有任何關係呢？

數百年以來，花蓮因為境內擁有許多高山，導致陸路交通相當不便，遂被稱為「陸地上的孤島」。到了日本統治時期，日本官員不但在花蓮

興建先進的港口設施，還修築通往台東的鐵路，大幅改善當地的交通條件。

你知道花蓮在台灣歷史上，扮演著什麼樣的重要角色嗎？

水流盤旋

現在的花蓮市區，原本曾是原住民撒奇萊雅族、太魯閣族、阿美族等族群的勢力範圍。

大約兩百年以前，來自宜蘭的漢人移民，陸續抵達花蓮一帶開墾定居。起初，漢人在河口看

到溪水與海浪相互衝擊，便把當地稱為「洄瀾」，以此形容水流旋轉環繞的景象。

後來，移民又把「洄瀾」這個名字，改成台語發音相近的「花蓮」，從此沿用到今天。

修築港口

自古以來，住在花蓮的漢人移民，相當依賴水路運送人員和商品，卻因為港口水深不足，導致大船無法停泊。

二十世紀初，日本官員為此投入大量的經

費，非但將花蓮港改建成現代化的港口，還在港口周邊發展重工業，促使花蓮迅速變成台灣東部最重要的工業城市。

如今，花蓮港是台灣的四大商港之一，主要輸出水泥、砂石等貨物。

鐵路樞紐

除了擁有東部最大的港口，花蓮還是北迴鐵路及台東線的起點，並且會在火車內使用太魯閣語及阿美族語進行廣播。

當地人與事

關懷小人物的作家王禎和

二十世紀中期，台灣文壇出現反映人民生活樣貌的鄉土文學熱潮。其中，出生於花蓮的鄉土文學作家王禎和（一九四〇至一九九〇年），擅長以諷刺手法描寫小人物的悲歡離合。

關於王禎和從事文學創作的契機，源自他就讀台灣大學外文系期間，接觸了西方的文學理論，並且受到文學界朋友的影響，開始以寫實筆法探討人生的困

窘與無奈。

出社會工作之後，王禎和一面磨練寫作技巧，一面持續發表小說、劇本、影評等各類作品。

到了一九七二年，王禎和榮獲「國際寫作計劃」邀請，前往美國展開為期一年的交流和創作，也讓他的寫作風格變得更加辛辣而淺顯易懂。

除了特別關懷小人物，王禎和的小說對白，經常出現多種語言的方言，使得他的小說角色格外栩栩如生。

第54站 瑞穗

稻穗飽滿的村落

你玩過泛舟嗎？是否知道以鮮乳聞名的花蓮縣瑞穗鄉，也是台灣著名的泛舟勝地呢？

十九世紀晚期，清朝政府派遣軍民，進入台灣東部開墾定居，使得瑞穗逐漸出現漢人聚落。這塊土地曾經以盛產咖啡和茶葉聞名全國，後來因為產業轉

型，蛻變為文旦和鮮乳的知名產地。

瑞穗有沒有吸引你的地方？原因是什麼呢？

水尾變瑞穗

在一百四十多年以前，清朝政府為了治理交通不便的東台灣，指派軍人和百姓一面修築通往東部的道路，一面在當地開闢荒地。

此時，漢人發現秀姑巒溪的許多支流會在瑞穗地區匯集，再往東注入海洋，因此將這裡取名為「水尾」，意思是「秀姑巒溪的尾端」。

到了日本統治時期，日本人看到該地不但稻穗結實纍纍，水尾的日文讀音又與日本的常見地名「瑞穗」相當接近，因而將地名改為瑞穗，從此沿用到今天。

農牧業發達

二十世紀初期，來自日本的移民在瑞穗建立村落，並且引進咖啡樹、茶葉、菸草等作物，成為本地的重要產業。

不過，瑞穗的咖啡和菸草，在國際競爭下逐漸

落居劣勢，促使政府協助農民改種文旦，或是飼養乳牛生產鮮乳。

現在，瑞穗生產的鮮乳不但行銷到台灣各地，同時是文旦與茶葉的主要產地之一。

度假好地點

瑞穗地區由於河道蜿蜒曲折，加上溪水湍急，因此變成遠近馳名的泛舟勝地。與此同時，當地也是花蓮知名的溫泉景點，堪稱廣受遊客喜愛的度假勝地。

當地人與事

築路開通東台灣的吳光亮

清朝統治初期，花蓮因為境內多山導致交通不便，加上原住民勢力強大，使得官員難以有效統治當地。

到了十九世紀末，清朝政府受到「牡丹社事件」刺激，決定加強對於東台灣的控制，便指派武將吳光亮（一八三四至一八九八年）等人率領軍隊，一面興建從

南投竹山（參見第26站〈竹山：竹林茂密的山區〉）通往花蓮玉里的道路，一面安撫或是攻打沿途的原住民部落。

之後，吳光亮為了開拓台灣東部，曾以瑞穗一帶作為根據地。除了安排中國的漢人移民到此開闢定居，吳光亮還設立學堂供原住民就讀，試圖以此改善清朝政府在該地的弱勢局面。

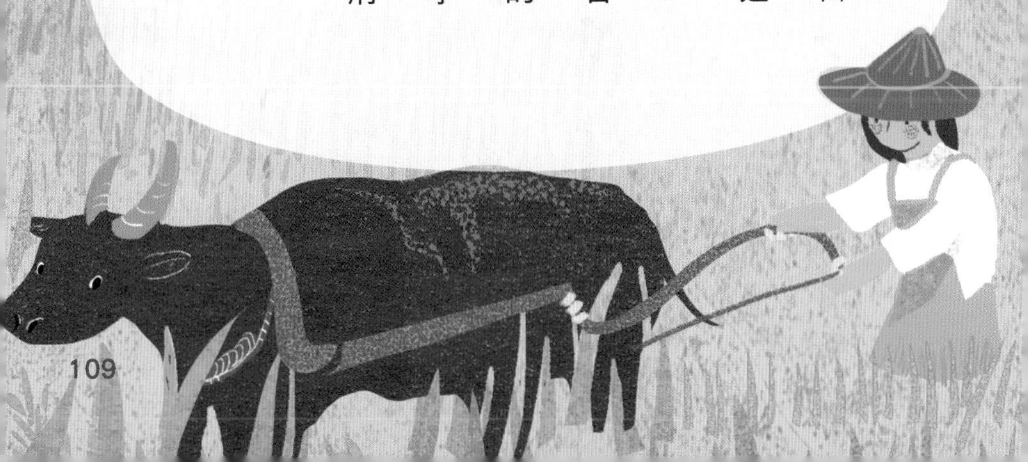

第55站 吉安
期許人民吉祥安康

你知道台灣擁有最多人口的「鄉」是哪裡嗎？答案是花蓮縣的吉安鄉喔！

現在的吉安鄉，原本是原住民阿美族的活動範圍。由於清朝政府長期限制漢人進入東台灣，起初只有少數漢人前往吉安開墾。到了二十世紀初，日本政府嘗試在吉安設

立日本移民的聚落，連帶吸引許多漢人到此定居。

你知道吉安在台灣歷史上，扮演著什麼樣的重要角色嗎？

日式地名

十七世紀開始，抵達吉安一帶的漢人移民，發現阿美族將這塊土地稱為「Cikasuan」，意思是「柴薪很多的地方」，就以讀音相近的「知卡宣」當作地名。

在日本統治時期，日本政府大力支持日本民眾移居知卡宣，並且基於移民大多來自日本的德島縣，便以德島縣

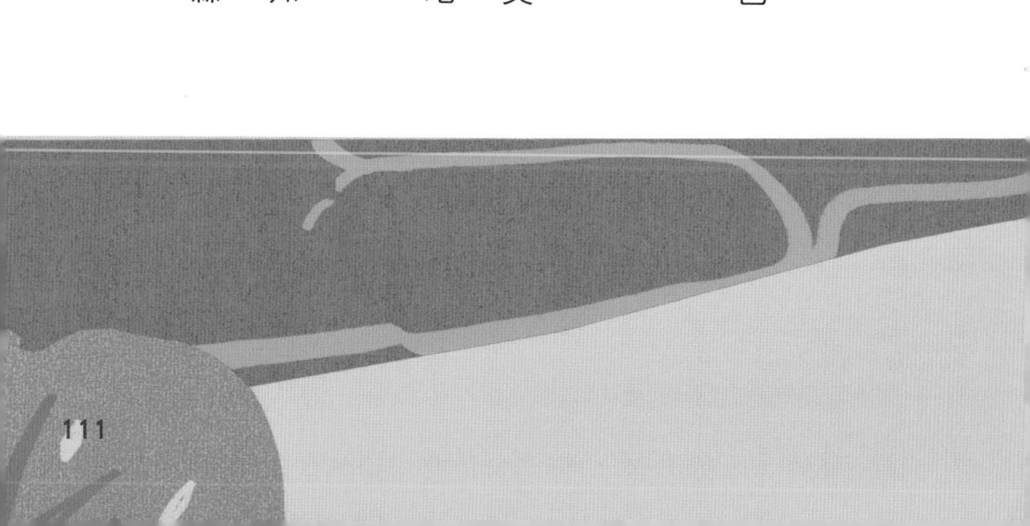

的河流「吉野川」為名，將知卡宣改名為「吉野」。

後來，台灣認為「吉野」這個名字具有過於濃厚的日本風情，再把地名改成「吉安」，希望在地的人民能夠「吉祥安康」。

日本移民村

一百多年以前，日本政府和吉安地區的阿美族爆發嚴重衝突，進而沒收部落的土地，鼓勵日本人遷居當地。

對於日本移民來說，他們必須努力適應台灣的氣候和衛生條件。經過許多年的辛苦開闢，終於讓吉安變成盛產

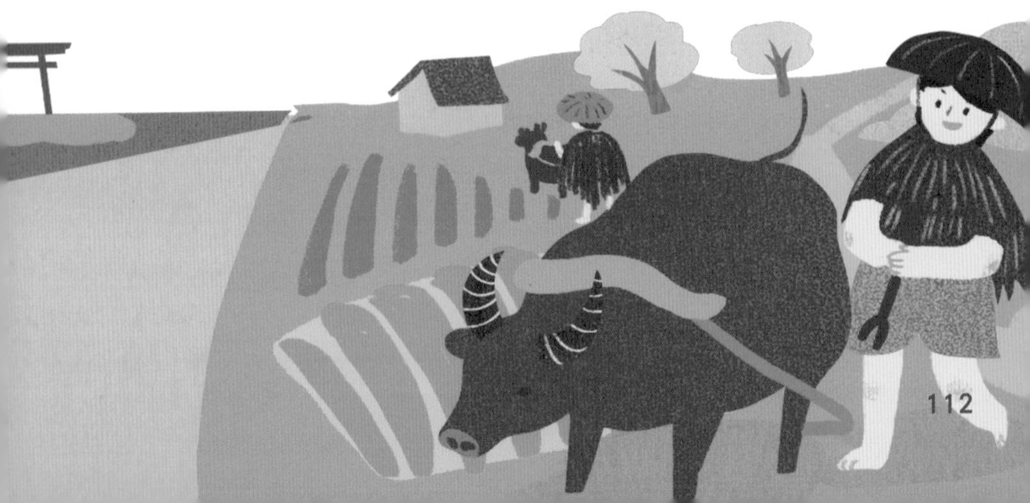

甘蔗、水稻、菸草等物產的日式村落。

第二次世界大戰結束後，這批日本移民被我國送回日本，也讓台灣的日本移民村就此消失。

慶修院

遷居吉安的日本移民，曾經在當地興建日式的神社和廟宇。這些宗教設施，只有慶修院保存到現在，如今蛻變成遊客如織的觀光勝地。

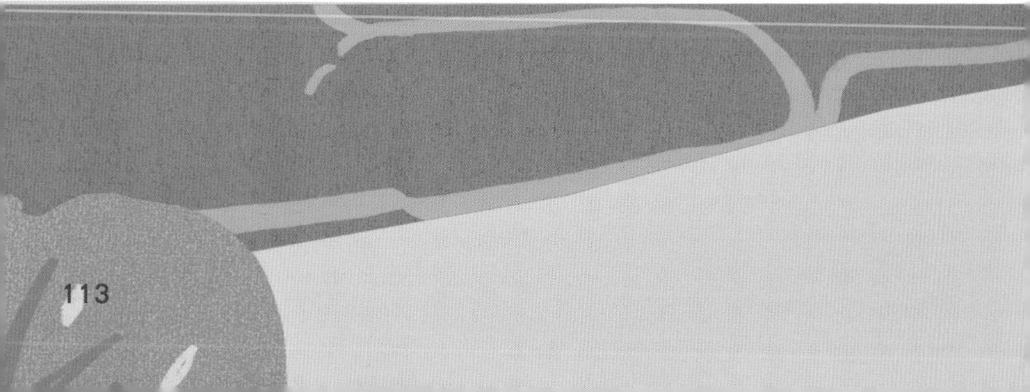

當地人與事

被奉為火神的古穆．巴力克

眾所皆知，世界各地的宗教儀式大多蘊含著豐富的歷史文化。

值得一提的是，台灣撒奇萊雅族的「火神祭」，不只是該族重要的宗教祭典，更反映了撒奇萊雅族從一度消失到重振文化的歷史過程。

十九世紀中期，撒奇萊雅族本來是立霧溪到木瓜溪之間最強大的族群。隨著清朝官員逐漸加強對於台灣東部的

統治，包含撒奇萊雅族在內的幾個原住民族，開始與清朝政府發生嚴重的軍事衝突。

根據撒奇萊雅族耆老的說法，清朝軍隊在一八七八年燒毀了他們的部落，並且把部落頭目夫婦古穆．巴力克（？至一八七八年）和伊婕．卡娜蕭（？至一八七八年）處以死刑。

之後，戰敗的撒奇萊雅人紛紛隱藏自己的族群身分，直到二十一世紀初在耆老的鼓吹與奔走下，總算恢復了停辦一百多年的火神祭，同時將古穆．巴力克夫婦尊奉為火神與火神太，以此紀念當年在戰爭中死傷的族人。

第56站 池上

大坡池上方的聚落

你喜歡吃白米飯嗎?是否知道台東縣的池上鄉，是全國聞名的稻米產地呢？

十九世紀以來，池上因為擁有優越的土壤、水質、氣候等條件，使得當地種植的稻子成為高級米的代名詞。近年來，希望遠離都市喧囂的民

眾，越來越喜歡造訪悠閒的池上鄉間放鬆渡假。

池上有沒有吸引你的地方？原因是什麼呢？

地名源自日本

一百多年以前，來自外地的漢人移民，陸續來到現在的池上地區。

當時，人們發現當地不但土壤適合栽種稻子，還有水量豐沛的大坡池可以灌溉田地，因而決定在這塊土地開墾定居，並且將這裡取名為「新開園」，意思是新開闢的園地。

進入日本統治時期，日本官員看到新開園的聚落位於大坡池的上方，便將地名改成日本常見的「池上」這個名字，進而沿用到今天。

稻米品質優良

一九七〇年代，政府開始推廣在全國種植水稻，並且輔導農會將生產過多的稻米賣給民眾。與其他地區相比，池上的土壤和水源來自沒有汙染的山區，加上日夜溫差較大，特別有利於稻子生長茁壯。

由於池上栽種的稻穀既好吃又富有營養，因而被視為全台灣品質最好的稻米之一，也讓使用池上米製作的池上便當享有極高的名氣。

擁有好山好水

隨著國人越來越重視休閒活動，擁有好山好水的池上，經常吸引遊客駐足停留，堪稱令人心曠神怡的世外桃源。

當地人與事

雲門舞集創辦人林懷民

台灣著名職業舞團「雲門舞集」，曾在二〇一三年推出以台東池上的稻田作為靈感的《稻禾》這齣作品。

談到雲門舞集如何成為亞洲乃至全球最卓越的現代舞團之一，就不能不提它的創辦人林懷民（一九四七年至今）做出的巨大貢獻。

在年少時期，林懷民受到外國頂尖現代舞團

的啟發，決定投身這項舞蹈的創作與演出。之後，他在前往美國留學期間正式學習現代舞，並於回國後創辦台灣第一個現代舞團雲門舞集。

值得一提的是，林懷民非但把古典文學、書法藝術、民間故事等主題，轉化成一齣齣扣人心弦的精彩舞蹈，更希望讓藝術更加貼近社會大眾，進而改變社會。

直到現在，林懷民仍經常不辭勞苦地率領舞團到台灣各地演出，對於我國的表演藝術具有極其深遠的影響。

第57站 蘭嶼

盛產蘭花的島嶼

你知道台灣的原住民有哪些族群嗎？是否知道住在台東縣蘭嶼鄉的達悟族，其實是台灣唯一定居離島的原住民族呢？

自古以來，坐落台灣東南外海的蘭嶼，是達悟族的居住空間。雖然蘭嶼距離台灣不遠，達悟族的語言

和文化，卻與菲律賓巴丹群島的原住民更為相似。

你想去蘭嶼旅遊嗎？那裡最讓你感到好奇的地方是什麼呢？

人的島嶼

在蘭嶼生活的達悟族，將這座島嶼稱為「Ponso No Tao」。其中，「Tao」是達悟族的自稱，意思是「人」，而「Ponso No Tao」則是指「人的島嶼」。

據說，漢人水手曾經在太陽昇起時，乘船經過台灣的東南海域。在陽光的照射下，蘭嶼看起來很像紅

色的人類頭部，漢人便將這裡取名為「紅頭嶼」。

一九四七年，我國覺得紅頭嶼這個名字不夠典雅，便以當地的特產蘭花為靈感，將地名改為「蘭嶼」，從此沿用到今天。

達悟文化

由於蘭嶼四面環海，加上島上缺乏高山，使得達悟族的生活方式深受海洋的影響。

每年二月左右，達悟族會舉行招魚儀式，祈求之後出海捕捉飛魚可以滿載而歸。不同於漢人使用戎克

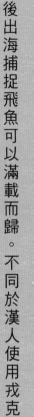

船，達悟族人不但利用木板製成拼板舟，還會在船頭和船尾畫上眼睛圖案，希望藉此趨吉避凶。

族名改正

日本統治時期，前往蘭嶼調查的日本學者，誤以為達悟族的族名為「雅美族」，從而使用不正確的名稱長達一百年。直到二十世紀末，達悟族才總算改回正確的族名。

為達悟族犧牲奉獻的紀守常

數百年來，許多來自歐美的傳教士秉持著虔誠信仰，不遠千里前往台灣偏遠地區宣揚教義。

其中，來自瑞士的天主教傳教士紀守常（一九一九至一九七〇年），致力改善住在蘭嶼的達悟族人待遇，因而被尊稱為「達悟之父」。

　　時間回到一九四〇年代，立志為窮人服務的紀守常，原本前往中國北京傳教，卻因為政權更迭遭到驅逐出境。

　　後來，紀守常改到台灣的台東地區傳教，進而發現蘭嶼的達悟族人大多生活困頓，便積極協助他們接受教育和職業訓練。

　　此外，紀守常不僅尊重達悟文化，更鼓勵原住民投入選舉爭取自身權益，為他贏得達悟族人永遠的尊敬與懷念。

第九部

第58站 馬祖

媽祖庇佑的島嶼

你知道馬祖列島在哪裡嗎？是否知道「馬祖」這個地名，其實來自「天上聖母」媽祖呢？

自古以來，位於中國福建外海的馬祖列島，無論是語言或民間信仰，都深受福建地區的影響。隨著兩岸在一九四九年後長期對峙，馬祖不

但是我國重要的軍事前線，還因為擁有獨特景觀和稀有動植物，逐漸蛻變為著名的旅遊勝地。

你知道馬祖在歷史上，扮演著什麼樣的重要角色嗎？

※媽祖傳說

關於馬祖一名的由來，以往大多認為媽祖還活著的時候，為了尋找出海失蹤的父親，因此跳入大海。之後，人們在馬祖列島的南竿海域發現媽祖的遺體，便在當地為媽祖修建廟宇，並將地

名改稱「媽祖」或「馬祖」。

不過，近年有研究主張上述說法的可信度不高，並且指出清朝海商看到南竿有間媽祖廟，才將該島稱為「媽祖」或「馬祖」。

到了二十世紀中期，我國正式以「馬祖」作為列島的名稱，從此沿用到今天。

觀光事業

從一九四九年開始，我國基於兩岸衝突越發劇烈，一度在馬祖派駐大量軍隊，並在島上修築許多碉

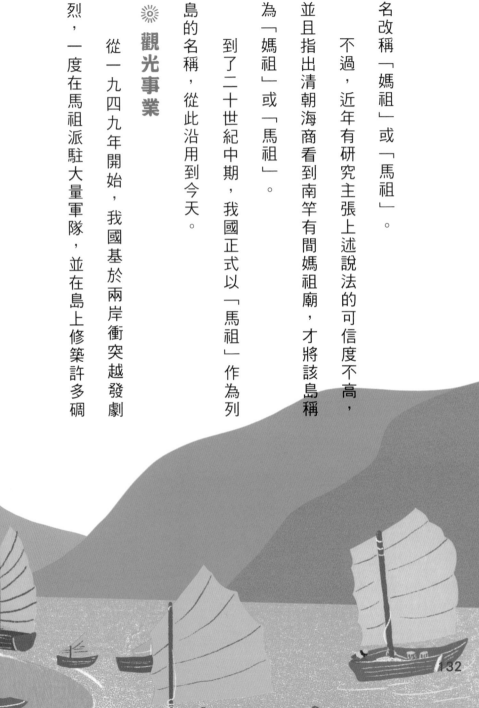

堡和坑道，作為對抗敵軍進犯的防禦工事。

直到三十年前，兩岸慢慢從武力對抗走向和平共存，也讓馬祖獲得發展觀光事業的重要契機。

除了具有壯闊的山海景觀和戰地風貌，馬祖也是梅花鹿、蝴蝶、候鳥、野百合等稀有動植物的棲息地，因此吸引不少觀光客造訪參觀。

藍眼淚

每年春季到夏季，馬祖周邊海域經常出現大量的夜光藻。這種生物會發出藍色的螢光，因此也被稱為「藍眼淚」。

對抗清朝的海賊領袖蔡牽

十九世紀初，橫行中國東南海域的海賊領袖蔡牽（？至一八〇九年），據說曾在馬祖地區興建許多媽祖廟祈求平安，並在當地留下價值連城的龐大寶藏。

關於家住福建泉州的蔡牽為何會變成海盜，研究者認為可能是蔡牽無力償還積欠的負債，索性逃到海上聚眾打劫以奪取財物。

之後，蔡牽透過併吞其他海賊勢力等手段，逐漸蛻變為擁有一百多艘船隻、一萬餘名黨羽的強大海盜，迫使往來台灣海峽的船隻為了不被搶劫，不得不向蔡牽集團繳交鉅額的保護費。

隨著統率的海賊集團日益壯大，志得意滿的蔡牽開始攻擊官軍駐守的營地，甚至試圖占領台灣與清朝政府分庭抗禮，直到多年之後才被清朝將領邱良功（參見第59站當地人與事〈掃蕩海盜的戰將邱良功〉）等人率軍平定。

第59站 金門

防守嚴密的海上大門

你去過台灣的離島嗎？是否知道以貢糖、鋼刀、高粱酒等特產著稱的金門縣，其實是我國重要的軍事前線呢？

一九四九年以後，我國曾經派駐數萬名士兵守衛金門，並且在當地實施軍事管制長達數十年

之久。隨著兩岸關係近年逐漸改善，擁有豐富閩南文化和軍事景點的金門，如今蛻變為遊客爭相造訪的熱門觀光勝地。

金門有沒有吸引你的地方？原因是什麼呢？

浯洲變金門

位於中國福建外海的金門縣，以前原本稱為「浯洲」。

十四世紀末，明朝將領為了防範海盜攻擊沿海省分，決定在浯洲修築城池，並且將這個據點

命名為「金門城」，期許它能發揮固若金湯、雄鎮海門的軍事功能。

後來，城池所在的島嶼連帶被稱為「金門島」，進而取代浯洲，成為行政區的正式名稱。

建國家公園

由於金門非常靠近中國，隨著海峽兩岸自一九四〇年代屢次爆發軍事衝突，我國便在金門興建大量的軍營、碉堡、坑道作為防禦工事。

到了二十世紀末，兩岸關係從軍事對抗慢慢

變成和平共存，使得金門獲得轉型的機會。

相較於台灣和中國，純樸的金門保留了完整的自然地景與閩南文化，加上擁有許多軍事遺跡，促使我國在這裡設立「金門國家公園」，努力保護這些珍貴的人文景觀。

特產受歡迎

金門的貢糖、鋼刀、高粱酒等特產，都跟昔日的戰地歷史密切相關，現在則是觀光客必買的知名伴手禮。

當地人與事

掃蕩海盜的戰將邱良功

在金門眾多古蹟當中，有三處遺跡以清朝著名武將邱良功（一七六九至一八一七年）命名。值得一提的是，邱良功的軍旅生涯不只跟討伐海盜密切相關，更是掃蕩蔡牽集團的關鍵人物之一（參見第58站當地人與事〈對抗清朝的海賊領袖蔡牽〉）。

十八世紀末，由母親撫養長大的邱良功，毅

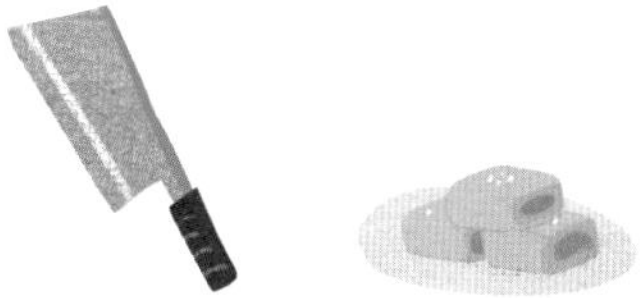

然決定參加軍隊為國效力，並且因為征討海盜時作戰勇敢，逐漸成為地方首長的得力戰將。

隨著蔡牽變成清廷不容忽視的強大海盜，包含邱良功在內的多名將領奮力率軍圍剿，最後花費數年時間終於擊潰蔡牽集團。

戰事結束後，戰績輝煌的邱良功非但榮獲爵位和賞賜，清朝政府還替邱良功的母親修建牌坊加以表揚，也就是今天名列國定古蹟的「邱良功母節孝坊」。

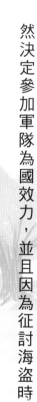

第60站 馬公
興建媽祖宮的港口

你去過澎湖嗎？是否知道當地的熱鬧城市馬公，擁有全台灣最古老的媽祖廟呢？

距今四百多年以前，中國為了防範外敵攻擊東南沿海，時常派遣海軍巡邏澎湖周邊的海域，促使馬公變成扼守台灣海峽的重要港口。到了

一九七〇年代，馬公開始大力推動觀光事業，如今轉型成以海鮮和煙火聞名的度假勝地。

你知道馬公在台灣歷史上，扮演著什麼樣的重要角色嗎？

※軍隊建媽祖廟

十六世紀末，中國政府鑑於過去常有海盜攻擊沿海省分，決定組織部隊定期巡視本地到澎湖之間的海域。

當時，中國軍隊在馬公地區建立據點，並且

營造台澎地區第一間媽祖廟，祈求媽祖庇佑他們航行平安。之後，漢人便將此地取名為「媽宮」，也就是媽祖宮的簡稱。

到了日本統治時期，日本官員認為媽宮的筆畫過於複雜，便將地名改成日文讀音相近的「馬公」，從此沿用到今天。

海產豐富新鮮

不同於台灣本島，馬公所在的澎湖群島土壤貧瘠又缺乏雨水，導致當地不易種植稻米，而以

番薯、玉米、高粱作為主食。

另一方面，澎湖周圍海域有豐富的魚群和海藻，使得在地居民紛紛投入漁業相關工作，也讓馬公的海鮮餐廳以新鮮美味廣受好評。

用珊瑚礁蓋房子

由於澎湖群島不產木材，加上當地有許多珊瑚礁形成的硓𥑮石，前人經常使用這種石頭建造堅固的房子。

當地人與事

澎湖唯一的進士蔡廷蘭

直到二十世紀初，許多中國讀書人的畢生目標，是通過科舉的各級考試，進而獲得擔任官職的資格。

值得一提的是，生於馬公的蔡廷蘭（一八〇一至一八五九年）非但是澎湖唯一的進士，更擁有常人難以遭遇的奇特際遇。

一八一〇年代，自幼跟著父親讀書的蔡廷

蘭，年僅十餘歲就通過科舉的初級考試，卻在地方考試數次失利。

除此之外，蔡廷蘭有次從福建考場返回澎湖途中不幸遭遇颶風，導致船隻漂流到越南境內，最後費盡千辛萬苦才總算順利返鄉。

之後，堅持不懈的蔡廷蘭，終於在十九世紀中期通過最後考試，成為澎湖地區唯一的進士，因此被人們尊稱為「開澎進士」。

後記

日本統治時期的台灣歷史學家連橫（一八七八至一九三六年），因為其父親勸誡身為台灣人應該要知曉台灣的歷史，促使他日後蒐集並整理台灣相關史料，進而完成著名的《台灣通史》一書。

仔細想想，我竭盡心思撰寫《古地名裡的台灣史》

這套小書，不單希望幫助讀者更加認識台灣的人、事、物，同時也是在這塊土地生活三十餘年的自己，重新認識台灣各地的過程和嘗試。

回顧前幾年服完兵役後，我在同袍的鼓舞激勵下，開始在網路媒體撰寫歷史通俗文章。之後，我有幸獲得財團法人國語日報社邀請，在該社刊物《國語日報週刊》連載〈台灣古地名〉專欄，繼而才有這套小書的問世。

拙作能夠順利出版，首先要再次感謝同袍瑤哥帶我進入歷史書寫的世界，才有後續執筆專欄、集結出書的可能；端賴國語日報社古文主編的邀稿和幫忙，我的文字有機會搭配紹華老師的可愛插畫，以更加豐富有趣的形式呈現在各位面前。

最後，謝謝時報出版王衣卉主編為了本書所做的種種努力，下一部作品依舊要麻煩時報同仁們多多費心。

倘若本書有任何不足之處，敬請讀者先進不吝予以指正。衷心期盼這套小書可以扮演大眾與歷史之間的橋梁，促使對歷史感興趣的廣大讀者朋友，一同踏上認識台灣的歷史之旅！

參考資料

專書

♕丁崑健總纂，《續修岡山鎮志》，高雄縣：高雄縣岡山鎮公所，2010。
♕中華綜合發展研究院應用史學研究所總編纂，《吉安鄉志》，花蓮縣：花蓮縣吉安鄉公所，2002。
♕司馬嘯青著，《台灣五大家族》，台北市：玉山社出版，2000。
♕李仕德總編纂，《金門縣志》，金門縣：金門縣政府，2009。
♕林正芳總編纂，《續修頭城鎮志》，宜蘭縣：宜蘭縣頭城鎮公所，2002。
♕紀慧玲著，《凍水牡丹：廖瓊枝》，台北縣：INK印刻文學出版，2009。
♕美濃鎮誌編纂委員會編修，《美濃鎮誌》，高雄縣：高雄縣美濃鎮公所，1997。
♕翁佳音、曹銘宗合著，《大灣大員福爾摩沙：從葡萄牙航海日誌、荷西地圖、清日文獻尋找台灣地名真相》，台北市：貓頭鷹出版，2016。
♕高啟進著，《開澎進士蔡廷蘭》，澎湖縣：澎湖縣文化局，2013。

- 張文義著，《石港春帆：烏石港的前世、今生與未來》，宜蘭縣：宜蘭縣頭城鎮公所，2010。
- 張隆志等合編，《恩典之美：高慈美女士圖像史料選輯》，台北市：中央研究院台灣史研究所，2008。
- 陳其南等著，《重修屏東縣志》，屏東縣：屏東縣政府，2014。
- 陳梅卿總編纂，《牡丹鄉志》，屏東縣：屏東縣牡丹鄉公所，2000。
- 康培德、陳俊男、李宜憲原著，林宜儒改寫，《加禮宛事件1878》，新北市：原住民族委員會，2020。
- 陸傳傑著，《被誤解的台灣老地名：從古地圖洞悉台灣地名的前世今生》，新北市：遠足文化，2019。
- 彭瑞金總編輯，《蘇澳鎮志》，宜蘭縣：宜蘭縣蘇澳鎮公所，2014。
- 楊孟瑜著，《飆舞：林懷民與雲門傳奇》，台北市：天下文化，2008。
- 蔡主賓著，《蔡廷蘭傳》，金門縣：金門縣文化局，2005。
- 劉金昌計畫主持，李文環共同主持，《旗山火車站周邊石拱圈及角樓調查研究暨修復計畫》，高雄縣：高雄縣文化局，2010。
- 劉家國、李仕德、林金炎總編纂，《連江縣志》，連江縣：連江縣政府，2014。
- 樊德惠、蘇美如、張文義合著，《頭城鎮話說搶孤》，宜蘭縣：宜蘭縣頭城鎮中元祭典協會，2017。
- 盧家珍採訪撰文，《超級阿公：功學社總裁謝敬忠不一樣的經營之路》，台北縣：台灣廣廈，2011。
- 謝永泉著，《蘭嶼之父：紀守常神父》，台北市：永望文化，2004。
- 謝深山監修，《續修花蓮縣志》，花蓮縣：花蓮縣文化局，2006。

- 簡炯仁著，《高雄縣岡山地區的開發與族群關係》，台北市：行政院文化建設委員會，2002。

論文

- 王人弘，〈歷史、口傳與祭儀的交融：撒奇萊雅族火神祭與達固湖灣戰役傳說〉，《中國文化大學中文學報》第31期，2015年10月。
- 王宇函，《媽祖在馬祖？一個主題島的形成》，輔仁大學景觀設計研究所碩士論文，2011年。
- 尤素月，《柯旗化及其作品》，國立台灣師範大學台灣文化及語言文學研究所碩士論文，2014年。
- 王御風，〈陳中和家族與日治高雄市產業的發展〉，《台灣文獻》62卷4期，2011年12月。
- 王御風，〈日治鳳山街之變遷初探〉，《歷史台灣：國立台灣歷史博物館館刊》第9期，2015年5月。
- 田騏嘉，《日治時期國家對蘭嶼土地的控制及影響》，國立台灣師範大學台灣史研究所碩士論文，2016年。
- 吳文彥，〈左營都市計畫與都市發展沿革〉，《高市文獻》第23卷第3期，2010年9月。
- 吳文琪，《紀念品與原住民觀光地區的關係--以蘭嶼為例》，國立政治大學民族學系碩士論文，2010年。
- 李文環，〈高雄市「瀰濃庄開基伯公壇」及其碑文的歷史研究〉，《成大歷史學報》第55期，2018年12月。
- 李名慈，《台灣書院再利用與經營管理：以鳳儀書院為例》，國立高雄應用科技大學文化創意產業系碩士論文，2017年。

- 李其霖，〈不愧天朝五等封：嘉慶朝水師名將邱良功〉，《故宮文物月刊》第365期，2013年8月。
- 李若文，〈追尋文本世界的海盜蹤跡：關於台灣蔡牽的傳說〉，《台灣文獻》60卷1期，2009年3月。
- 何宜靜，《「恆春民謠」的傳唱與變遷：以恆春古城地區內的活動為例》，國立台灣師範大學民族音樂研究所碩士論文，2010年。
- 林文龍，〈清代開闢台灣中路之吳光亮事略〉，《台灣文獻》26卷3期，1975年9月。
- 林秀怡，《1812年到2005年間蘇澳地區的區域發展》，國立東華大學台灣文化學系碩士論文，2015年。
- 林孟欣，〈清領時期鳳山地區水利社會的形成與發展〉，《高雄文獻》第2卷第4期，2012年12月。
- 卓克華，〈戴炎輝先生行誼述略及老屋的追憶〉，《台北文獻（直字）》第209期，2019年9月。
- 洪文傑，《大航海時代瑯嶠灣地區的開發與社會變遷(1624-1895)》，國立屏東大學社會發展學系碩士論文，2015年。
- 胡巨川，〈日據媽宮變馬公〉，《硓砧石》第86期，2017年3月。
- 梁炳坤，〈農業食物在地化：台東縣池上鄉米食產業的探討〉，《地理學報》53期，2008年9月。
- 張晏如，《日治時期台灣東部地區移民村之開發過程與建設：以吉野村、長良村為例》，國立台灣科技大學建築系碩士論文，2016年。
- 莊淑姿，〈香蕉產業與旗山經濟發展〉，《高雄文獻》1卷2期，2011年9月。
- 莊淑香，《王禎和小說中的小人物研究》，國立中正大學台灣文學研究所台灣文化碩士在職專班碩士論文，2013年。
- 許雄飛，《屏東市眷村之沿革與變遷——以大鵬七村、凌雲三村為例》，國立高雄師範大學台灣歷史研究所碩士論文，2011年。

- 張瑜芬，《瑞穗地區居民的維生活動與聚落發展(1895-2010)》，國立高雄師範大學地理學系碩士論文，2015年。
- 張獻堂，《論簡吉與農民運動》，台北市立教育大學歷史與地理學系社會科教學碩士學位班碩士論文，2013年。
- 陳玉箴，〈環境、軍需、移動人口：澎湖餐飲業歷史變遷與「島嶼型食生活」研究〉，《台灣史研究》第25卷第3期，2018年9月。
- 陳政三，〈李仙得將軍與卓杞篤酋長〉，《原住民族文獻》第12期，2013年12月。
- 陳南旭，〈19世紀初年台灣北部的拓墾集團與噶瑪蘭的移民開發〉，《台灣文獻》67卷2期，2016年6月。
- 陳品秀，〈舞動心靈40年：林懷民和雲門舞集〉，《美育》第196期，2013年11月。
- 陳琳，《煉金術：金門戰地襲產的觀光治理》，國立台灣大學建築與城鄉研究所碩士論文，2015年。
- 陳瑋琪，《木屐工藝及其在「社區」與「學校」發展之研究：以蘇澳白米社區為例》，國立台北大學人文學院民俗藝術研究所碩士論文，2007年。
- 陳肇夏，〈蘇澳冷泉的調查研究〉，《經濟部中央地質調查所彙刊》第13號，2000年6月。
- 陳慶華，《東港漁業的發展與變遷》，國立中央大學歷史研究所碩士論文，2010年。
- 黃文珊，《高雄左營眷村聚落的發展與變遷》，國立高雄師範大學地理學系碩士論文，2007年。
- 黃有興，〈日酋樺山資紀與日本侵台：樺山出任首任台灣總督之背景〉，《台灣文獻》33卷2期，1982年6月。
- 黃玲珠，《龜山島開發之研究》，國立成功大學歷史研究所碩士論文，2004年。
- 黃美順，《日治時期吉安地區地域社會之形塑》，國立東華大學台灣文化學系碩士論文，2012年。

- 黃茱珺，《金門紀念品：從在地鑲嵌到文化創意的實踐》，國立高雄師範大學地理學系博士論文，2012年。
- 曾明德，《瑯嶠十八社頭人卓杞篤家族與恆春半島族群關係之變遷（1867-1874）》，國立台灣大學歷史學系碩士論文，2017年。
- 曾琇絢，《台灣文學的「橋中橋」：林曙光研究》，國立清華大學台灣文學研究所碩士論文，2013年。
- 曾雅鈴，《日治時期旗山地區空間變遷的社會歷史分析》，國立屏東科技大學農村規劃系碩士論文，2007年。
- 程園甯，《日治時期鳳山城的近代化改造》，國立成功大學建築學系在職專班碩士論文，2016年。
- 楊心喻，《屏東縣牡丹鄉地名的分類與意涵》，國立高雄師範大學地理學系碩士論文，2014年。
- 楊怡瑩，《清代至日治時期恆春城內空間變遷研究(1875-1945)》，國立台北藝術大學建築與古蹟保存研究所碩士論文，2008年。
- 楊雅心，《馬祖地區地名的意涵：一個關於環境識覺的研究》，國立台灣師範大學地理學系碩士論文，2005年。
- 楊惠雯，《屏東糖廠與屏東市街發展關係之研究》，國立屏東科技大學農村規劃系碩士論文，2006年。
- 趙祐志，〈日治時期高雄陳家的資本網絡分析：以企業經營與投資為中心〉，《台灣文獻》62卷4期，2011年12月。
- 廖湯毅，《1796年到2010年頭城地區的區域發展》，國立東華大學台灣文化學系碩士論文，2015年。
- 劉宏偉，《花蓮港興築歷史與客貨運的興衰》，國立東華大學台灣文化學系碩士論文，2013。
- 蔡郁梅，《戰後馬公市街的聚落發展與歷史變遷》，國立台南大學台灣文化研究所碩士論文，2013年。
- 蔡堯婷，《香蕉產業與地方意義之建構：以旗山為例》，國立清華大學人類學研究所碩士論文，2016年。

- 劉澤民，〈「瑞穗」取代「水尾」的地名變遷〉，《台灣文獻別冊》第48號，2014年3月。
- 潘繼道，〈日治初期「七腳川社之役」之研究〉，《台灣文獻》57卷2期，2006年6月。
- 賴守誠，〈地方食品特產與鄉村發展：以美濃粄條與新埔柿餅興起的個案為例〉，《台灣鄉村研究》第10期，2010年8月。
- 賴宥蓁，《高雄新門戶左營：以台灣高速鐵路設站為中心》，國立台灣師範大學歷史學研究所碩士論文，2014年。
- 謝欣純，《郭國基與戰後台灣地方自治》，國立台灣師範大學歷史學系碩士論文，2002年。
- 謝濬澤，《國家與港口發展：高雄港的建構與管理（1895-1975）》，國立暨南國際大學歷史學系碩士論文，2008年。
- 藍惠馨，《鍾理和作品的生命意義研究》，國立彰化師範大學國文學系碩士論文，2010年。
- 蘇羿如，《撒奇萊雅族（Sakizaya）的生成歷程：族群團體、歷史事件與族群性再思考》，國立東華大學多元文化教育研究所博士論文，2009年。
- 蘇恒安，〈跨界「混融」：岡山羊肉飲食文化的建構與再現〉，《中國飲食文化》9卷1期，2013年4月。
- 蘇信維，《閩浙地區海盜集團之研究：以蔡牽集團為例（1795-1810）》，國立成功大學歷史學系碩士論文，2008年。
- 蘇婉菁，《岡山區螺絲螺帽業時空發展歷程與產銷網絡之研究》，國立高雄師範大學地理學系碩士論文，2003年。

網路文章

- 袁瑋婧、江迅撰文，〈林懷民攜雲門舞集重返池上〉，《亞洲週刊》官方網站。（最後瀏覽時間：2023年11月11日）
- 徐麗紗撰稿，〈恆春民謠〉，台灣大百科全書官方網站。（最後瀏覽時間：2023年10月23日）
- 〈紅頭岩〉，台東觀光旅遊網官方網站。（最後瀏覽時間：2023年3月8日）
- 〈高慈美〉，台灣音樂群像資料庫。（最後瀏覽時間：2023年10月19日）
- 〈族群簡介〉，花蓮縣政府原住民行政處官方網站。（最後瀏覽時間：2023年11月6日）
- 〈達悟之父：紀守常〉，財團法人紀守常紀念文教基金會官方網站。（最後瀏覽時間：2023年11月11日）
- 〈達悟族〉，台灣原住民族資訊資源網官方網站。（最後瀏覽時間：2023年3月8日）
- 〈話說鹽埕〉，高雄市鹽埕區公所官方網站。（最後瀏覽時間：2023年3月5日）
- 〈旗山亭仔腳（石拱圈）〉，國家文化資產網。（最後瀏覽時間：2023年5月5日）
- 〈歷史沿革〉，高雄市美濃區公所官方網站。（最後瀏覽時間：2023年3月5日）
- 〈歷史沿革〉，台東縣池上鄉公所官方網站。（最後瀏覽時間：2023年3月8日）
- 〈歷史沿革〉，高雄市鳳山區公所官方網站。（最後瀏覽時間：2023年4月23日）
- 〈歷史沿革〉，高雄市旗山區公所官方網站。（最後瀏覽時間：2023年5月5日）
- 〈歷史篇〉，《南竿鄉志》，連江縣南竿鄉公所官方網站。（最後瀏覽時間：2023年11月11日）
- 〈關於恆春〉，屏東縣恆春鎮公所官方網站。（最後瀏覽時間：2023年3月5日）

古地名裡的台灣史 南部、東部、外島篇

作　　者　宋彥陞
繪　　者　紹　華
主　　編　王衣卉
行銷主任　王綾翊
封面設計　倪旻鋒
版型設計　倪旻鋒
內文排版　Anna D.

總編輯　梁芳春
董事長　趙政岷
出版者　時報文化出版企業股份有限公司
108019 台北市和平西路三段二四〇號

發行專線　(02) 2306-6842
讀者服務專線　(02) 2304-7103、0800-231-705
郵撥　19344724 時報文化出版公司
信箱　10899 台北華江郵局第 99 信箱
時報悅讀網　www.readingtimes.com.tw
電子郵件信箱　yoho@readingtimes.com.tw
法律顧問　理律法律事務所　陳長文律師、李念祖律師
印刷　和楹印刷有限公司
初版一刷　2024 年 2 月 16 日
初版三刷　2024 年 8 月 2 日
定價　新台幣 350 元

古地名裡的台灣史．南部篇 / 宋彥陞著；吳紹華繪．-- 初版．-- 臺北市：時報文化出版企業股份有限公司，2024.02
164 面；14.8×21 公分
ISBN 978-626-374-613-8(平裝)
1.CST: 地名學 2.CST: 歷史地圖 3.CST: 台灣史 4.CST: 通俗作品
733.37　112018777